AF360677

DECRET

DE L'ASSEMBLÉE GÉNÉRALE

DE SAINT-DOMINGUE,

Rendu le 28 mai 1790, à l'unanimité;

Et développement de ce décret, servant de réponse aux observations faites sur ce décret par l'assemblée provinciale du nord, en date du 1er juin.

DÉCRET

DE L'ASSEMBLÉE GÉNÉRALE

De la partie françoise de Saint-Domingue, rendu à l'unanimité, en sa séance, du 28 mai 1790.

Bases constitutionnelles de Saint-Domingue.

L'ASSEMBLÉE GÉNÉRALE considérant que les droits de la partie françoise de Saint-Domingue, pour avoir été long-temps méconnus et oubliés, n'en sont pas moins demeurés dans toute leur intégrité ;

Considérant que l'époque d'une régénération générale dans l'empire françois est la seule où l'on puisse déterminer, d'une maniere juste et invariable, tous ses droits, dont les uns sont particuliers et les autres relatifs ;

A 2

Considérant que le droit de statuer sur son régime intérieur appartient essentiellement et nécessairement à la partie françoise de Saint-Domingue, trop peu connue de la France dont elle est séparée par un immense intervalle ;

Considérant que les représentants de Saint-Domingue ne peuvent renoncer à ce droit imprescriptible sans manquer à leur devoir le plus sacré, qui est de procurer à leurs constituants des loix sages et bienfaisantes ;

Considérant que de telles loix ne peuvent être faites qu'au sein même de cette isle ; d'abord en raison de la différence du climat, du genre de population, des mœurs et des habitudes, et ensuite parceque ceux-là seulement qui ont intérêt à la loi peuvent la délibérer et la consentir ;

Considérant que l'assemblée nationale ne pourroit décréter les loix concernant le régime intérieur de Saint-Domingue sans renverser les principes qu'elle a consacrés par ses premiers décrets, et notamment par sa déclaration des droits de l'homme;

Considérant que les décrets émanés de l'assemblée des représentants de Saint-Domingue ne peuvent être soumis à d'autre sanction qu'à celle du roi , parcequ'à lui seul appartient cette prérogative inhérente au trône , et que nul autre , suivant la constitution françoise, ne peut en être dépositaire ; que conséquemment le droit de sanctionner ne peut être accordé au gouverneur général , étranger à cette contrée , et n'y exerçant qu'une autorité précaire et subordonnée ;

Considérant qu'en ce qui concerne les rapports commerciaux et les autres rapports communs entre Saint-Domingue et la France , le nouveau contrat doit être formé d'après le vœu, les besoins et le consentement des deux parties contractantes ;

Considérant que tout décret qui auroit pu être rendu par l'assemblée nationale, et qui contrarieroit les principes qui viennent d'être exposés , ne sauroit lier Saint-Domingue, qui n'a point été consulté et n'a point consenti à ces mêmes décrets ;

Considérant enfin que l'assemblée nationale, si constamment attachée aux principes de justice, et qui vient de manifester le desir d'assurer la prospérité des isles françoises de l'Amérique , n'hésitera pas à reconnoître les droits de Saint-Domingue par un décret solemnel et authentique :

Après en avoir délibéré dans ses séances des 22, 26, 27, et dans celle de ce jour, a décrété à l'unanimité et décrete ce qui suit :

ARTICLE PREMIER. Le pouvoir législatif, en ce qui concerne le régime intérieur de Saint-Domingue, réside dans l'assemblée de ses représentants , constitués en l'assemblée générale de la partie françoise de Saint-Domingue.

ART. II. Aucun acte de corps législatif, en ce qui concerne le régime intérieur, ne pourra être considéré comme loi définitive s'il n'est fait par les représentants de la partie françoise de Saint-Domingue, librement et légalement élus, et s'il n'est sanctionné par le roi.

ART. III. Tout acte législatif fait par l'assemblée générale, dans les cas de nécessité urgente, en ce qui concerne le régime intérieur, sera considéré comme loi provisoire ; et dans ce cas ce décret sera notifié au gouverneur général, qui dans les dix

jours de la notification, le fera promulguer
et tiendra la main à son exécution, ou re-
mettra à l'assemblée générale ses observations sur le contenu audit décret.

Art. IV. L'urgence qui déterminera l'exécution provisoire sera décidée par un décret
séparé, qui ne pourra être rendu qu'à la majorité des deux tiers de voix prises par l'ap-
pel nominal.

Art. V. Si le gouverneur général remet des
observations, elles seront aussi-tôt inscri-
tes sur le registre de l'assemblée générale ;
il sera alors procédé à la révision du décret d'après ces observations. Le décret et
les observations seront livrées à la discussion, dans trois séances différentes ; les voix
seront données par oui par non, pour main-
tenir ou annuller le décret ; le procès-ver-
bal de la délibération sera signé par tous les
membres présents, et désignera la quantité
de voix qui auront été pour l'une ou l'autre
opinion : si les deux tiers des voix main-
tiennent le décret, il sera promulgué par le
gouverneur général, et exécuté sur-le-champ.

Art. VI. La loi devant être le résultat du
consentement de tous ceux pour qui elle est

faite, la partie françoise de Saint-Domingue proposera ses plans concernant les rapports commerciaux et autres rapports communs ; et les décrets qui seront rendus à cet égard par l'assemblée nationale, ne seront exécutés dans la partie françoise de Saint-Domingue que lorsqu'ils auront été consentis par l'assemblée générale de ses représentants.

ART. VII. Ne seront point compris dans la classe des rapports communs de Saint-Domingue avec la France, les objets de subsistance que la nécessité forcera d'introduire ; mais les décrets qui seront rendus à cet égard par l'assemblée générale, seront aussi soumis à sa révision, si le gouverneur général présente des observations sur le contenu auxdits décrets dans le délai fixé par l'article III, et seront au surplus observées toutes les formalités prescrites par l'article V.

ART. VIII. Tout acte législatif fait par l'assemblée générale et exécuté provisoirement, dans le cas de nécessité urgente, n'en sera pas moins envoyé sur-le-champ à la sanction royale ; et si le roi refuse son consentement audit acte, l'exécution en sera suspendue aussi-tôt que ce refus sera légalement manifesté à l'assemblée générale.

Art. IX. Chaque législature de l'assemblée sera de deux ans, et le renouvellement des membres de chaque législature sera fait en totalité.

Art. X. L'assemblée générale décrète que les articles ci-dessus, comme faisant partie de la constitution de la partie françoise de Saint-Domingue, seront incessamment envoyés en France pour être présentés à l'acceptation de l'assemblée nationale et du roi ; seront en outre envoyés à toutes les paroisses et districts de la partie françoise de Saint-Domingue.

Seront au surplus lesdits articles notifiés au gouverneur général.

LETTRE

DE L'ASSEMBLÉE GÉNÉRALE

DE LA PARTIE FRANÇOISE DE SAINT-DOMINGUE,

A SES CONSTITUANTS,

En leur envoyant les bases constitutionnelles, en date du 28 mai 1790.

CHERS CONCITOYENS,

LES ennemis du bien public, ceux qui sont intéressés au maintien des abus, ne cessent de calomnier l'assemblée générale de vos représentants. Ils cherchent à nous enlever la confiance dont vous nous avez honorés. Ils veulent vous persuader que, trahissant vos intérêts les plus chers, qui sont aussi les nôtres, nous voulons nous déclarer indépendants, et opérer une scission avec la France. C'est dans ces vues, assure-t-on hardiment, que nous n'avons pas voulu nous expliquer sur nos pouvoirs.

Nous vous observons, d'abord, qu'il ne nous appartient pas d'expliquer nos pouvoirs. Ils sont l'expression sacrée de vos droits et de votre volonté. Mais nous vous devons compte de l'usage que nous nous proposons de faire de ces pouvoirs illimités.

Or, comme ce compte doit avoir pour base les principes de la constitution de la partie française de Saint-Domingue ; que ces principes devoient être le résultat d'un travail long et réfléchi ; vous conviendrez que nous pouvions bien employer un intervalle de six semaines à préparer ces mêmes objets importants, qui, pendant quatre mois consécutifs, ont occupé l'assemblée nationale avant de pouvoir être soumis à la discussion publique.

Nous avons enfin le bonheur de vous mettre sous les yeux les bases constitutionnelles, d'après lesquelles vous pourrez juger nos principes. Sans doute ils sont d'accord avec les vôtres, parce que nous sommes freres, et que nos droits, nos intérêts, sont inséparables.

Quant au projet de scission qu'on a osé nous imputer, avec quelques réflexions vous n'y aurez sans doute pas ajouté foi.

En effet, l'estime et la confiance ont dû déterminer le choix de vos représentants. D'ailleurs, quel est celui d'entre nous qui ne soit attaché à la France par des liens de sentiment et d'intérêt? Quel est celui d'entre nous qui ne soit fier de tenir à une nation dont l'énergie fait l'admiration de l'univers? Quel est celui d'entre nous qui ne soit pénétré d'amour et de vénération pour un roi restaurateur de la liberté françoise? Quel est celui d'entre nous enfin qui, s'il avoit le choix d'un gouvernement, ne préférât sans balancer celui de la France, comme le plus conforme aux loix de l'équité naturelle et de la saine raison.

Jugez donc, chers concitoyens, si jamais cet odieux et chimérique projet a pu nous occuper un seul instant!

Toute notre attention s'est portée vers les abus que vous vouliez détruire. Si nous avons

mandé les agens du pouvoir exécutif, c'est
pour leur faire connoître vos droits trop
long-temps ignorés; c'est pour leur appren-
dre que des hommes libres ne peuvent être
commandés que par des chefs citoyens.
Nous nous sommes occupés des établisse-
ments qui doivent assurer votre liberté.
C'est pour vous la conserver; c'est pour
vous mettre désormais à l'abri des vexations
du pouvoir arbitraire, que l'assemblée générale a décrété sa permanence et l'amo-
vibilité de ses membres ; enfin, concourir
à votre bonheur sous tous les rapports pos-
sibles, c'est l'unique but que nous nous proposons : y parvenir, ce sera le prix le plus
flatteur de nos pénibles travaux et de nos
sacrifices.

Voilà ce que nous avons fait. Il nous reste
sans doute beaucoup à faire. La constance
ne nous manquera pas, tant que nous se-
rons animés par votre confiance. Nous com-
mençons à marcher dans la route de la liberté , qui de vous consentiroit à retourner
sur ses pas pour reprendre les chaînes du
pouvoir arbitraire? Le despotisme expirant

..sourit encore aux troubles qu'il a excités,
il les alimente, et vous attend.

Nous sommes avec un inviolable attachement,

CHERS CONCITOYENS,

Vos très-affectionnés et dévoués freres,
LES MEMBRES DE L'ASSEMBLÉE GÉNÉRALE.

Signés, DES ROUAUDIERES, président ; DE
CADUSCH, vice président ; MILLET ; BRUL-
LEY ; LE GRAND ; LAMBERT, secrétaires.

Nota. Le premier juin suivant, l'assemblée générale de la partie Françoise de Saint-Domingue,
rendit un décret conformément aux instructions
décrétées le 28 mars, par l'assemblée nationale,
pour inviter les paroisses à s'assembler pour con-
firmer l'assemblée générale ou manifester leur vœu
pour la formation d'une nouvelle. La très grande
majorité a voté pour sa conservation, au grand re-
gret des ennemis de la régénération. Le général lui-
même a proclamé le 13 juillet cette confirmation,
et le 29 du même mois il veut la dissoudre par la
force.

DÉVELOPPEMENT
DU DÉCRET

Rendu le 28 mai 1790, par l'assemblée générale de la partie françoise de Saint-
Domingue, servant de réponse aux observations faites sur ce décret par l'assemblée provinciale du nord, en date du 1er·
juin (1).

Ce développement fut publié le 2 juillet dernier
à Saint-Domingue, et envoyé en France pour y
justifier les principes de l'assemblée générale ; mais
les manœuvres des ennemis du bien public ont
rendu nulle cette précaution. Cet écrit a subi le sort
de tous ceux qui pouvoient éclairer la nation sur
la pureté de l'attachement de tous les colons pour
la mer patrie.

L'ASSEMBLÉE provinciale du nord a atta-
qué publiquement le décret de l'assemblée

____

(1) MM. Vincendon, de Bourcel, Desrouaudieres et Jean-Baptiste Millet, nommés par l'assem-

générale du 28 mai dernier , d'abord en contestant à l'assemblée générale le droit de rendre ce décret, ensuite en combattant les principes sur lesquels il est fondé.

S'il étoit ici question de discuter les droits de l'assemblée générale, on pourroit dire avec juste raison qu'il n'appartient pas à une assemblée particuliere de s'ériger en juge des pouvoirs conférés à l'assemblée générale; que l'assemblée provinciale, qui lui est immédiatement soumise, a rompu tous les liens de la subordination; qu'elle a méconnu l'autorité de la colonie entiere en s'at-

blée générale pour répondre aux observations de l'assemblée provinciale du nord , s'en étoient occupés à la hâte : mais considérant ensuite que ce travail rameneroit infailliblement les esprits qui pourroient être encore abusés sur les principes du décret du 28 mai , ils ont cru devoir le rendre public après y avoir fait les changements convenables, en s'attachant moins à l'élégance du style qu'à la force du raisonnement. Cet ouvrage, au surplus, servira de réponse aux écrits de tous genres par lesquels on cherche à dénaturer les principes du décret du 28 mai et à en faire craindre les suites.

tribuant le droit de censurer et de contredire
l'ouvrage de ses représentants.

Ce n'est pas cependant par ces principes
puisés dans l'ordre public que l'assemblée
générale doit répondre aux déclamations de
l'assemblée provinciale du nord ; ce n'est pas
son autorité supérieure qu'elle doit employer
pour réduire celle-ci au silence : ces moyens,
quoique légitimes, sont au-dessous d'une
assemblée qui ne peut fonder son autorité
que sur la confiance, et doit, non l'assujettir, mais la justifier.

Quoique le décret du 28 mai soit en termes clairs et précis, et qu'il annonce assez
les motifs qui l'ont déterminé, il n'est pas
inutile de mettre en évidence les principes
qui lui ont servi de base.

L'éloignement des lieux, la différence de
climat, de mœurs et d'habitudes, le régime
convenable aux différentes classes d'individus que la nécessité a conduits et maintient
dans les colonies, prouvent que c'est dans
le sein même de ces colonies que peuvent
être faites leur constitution, leur législation
et leur administration. L'assemblée nationale a tellement senti cette nécessité, que,

B

pressée et sollicitée de prononcer sur le sort des colonies, elle a, par son décret du 8 mars, déclaré qu'elle n'entendoit les assujettir à des loix qui pourroient être incompatibles avec leurs convenances locales et particulieres, et que, par ce même décret, elle s'est bornée à demander aux colons leur vœu et leurs plans sur toutes ces matieres.

Reproches faits au décret du 28 mai.

Les représentants de la partie françoise de Saint-Domingue, librement et légalement élus, ont rendu, le 28 mai, un décret que l'assemblée provinciale du nord dénonce à la colonie comme contraire à la sagesse et à l'autorité de celui du 8 mars, et comme portant un caractere de souveraineté. Renversons le fragile édifice qu'elle a élevé, détruisons l'erreur qu'elle se plaît à propager, et démontrons en deux mots :

1°. Que le décret du 28 mai, loin d'être contraire à celui du 8 mars, n'en est que la conséquence.

2°. Que le décret du 28 mai est bien loin de porter un caractere de souveraineté.

Le décret du 28 mai est la conséquence de celui du 8 mars.

Le décret du 8 mars autorise Saint-Domingue à faire connoître à l'assemblée nationale son vœu sur sa constitution et à lui en adresser le plan. Les neuf premiers articles du décret du 28 mai contiennent une partie du plan de la constitution de Saint-Domingue. Le dixieme porte qu'ils seront envoyés en France pour être présentés à l'acceptation de l'assemblée nationale. Donc le décret du 28 mai n'est que la conséquence de celui du 8 mars.

Le décret du 28 mai est bien loin de porter un caractere de souveraineté.

Lorsque, d'un côté, l'assemblée générale exprime, dans la derniere des considérations de son décret du 28 mai, qu'elle ne doute pas que l'assemblée nationale ne consente à re- connoître les droits de S.-Domingue par un décret solemnel et authentique, et que de l'autre, le même decret porte que les articles qu'il renferme seront présentés à l'acceptation de l'assemblée nationale, peut-on, sans un aveuglement volontaire, ne pas voir que le decret du 28 mai est une simple réclamation que la colonie fait de ses droits, et une réclamation soumise à l'acceptation du decret qui la contient : fut-elle jamais un acte de souveraineté ?

ARTICLES I ET II.

C'est à la colonie à faire les loix sur son régime intérieur.

MOTIFS.

Après avoir justifié le decret du 28 mai des reproches qui lui sont faits, il reste à parler des motifs sur lesquels il est fondé. Parcourons successivement les articles de ce decret.

Il résulte des deux premiers que c'est à la colonie à faire les loix concernant son régime intérieur. Et en effet, 1°. l'assemblée nationale ne peut faire des loix sur le régime intérieur de Saint-Domingue.

2°. Elle ne doit ni ne voudra faire, ou seulement approuver ces loix.

3°. Si l'assemblée nationale avoit le pou-voir législatif sur le régime intérieur de Saint-Domingue , nos propriétés seroient conti-nuellement en danger.

4°. L'intérêt de la France même exige que Saint-Domingue ait le pouvoir législatif sur son régime intérieur.

Démontrons en peu de mots ces quatre vé-rités :

Premier motif. L'assemblée nationale ne peut faire ces loix.

1°. L'assemblée nationale , en demandant aux colonies , par son decret du 8 mars , leur vœu et leurs plans sur leur constitu-tion , leur législation et leur administration , a manifesté son défaut de connoissances lo-cales sur tous ces objets. S'il lui est impossi-ble de poser les bases des loix coloniales , comment lui seroit-il plus aisé de juger de ces mêmes bases (1)? Comment pourroit-elle,

____

(1) Lorsque je lis une tragédie de Racine ou de Pradon , sans être en état d'en faire une pareille , j'en sens les beautés ou les défauts, parceque mon

dans l'examen des plans qui lui seront adressés , reconnoître la bonté des uns , les adop-
ter et rejeter les autres? les approuver sans
examen seroit un rôle passif qui ne convient
point à sa dignité ; donc elle ne peut faire
des loix sur le régime intérieur de Saint-Domingue.

*Deuxieme motif. L'assemblée nationale ne
doit ni ne voudra faire , ou seulement approuver ces loix.*

2°. L'assemblée nationale a posé pour principes constitutionnels des loix dont elle s'oc-
cupoit que « Les hommes naissent et demeu-

---

génie ou mon goût guide mon jugement. Mais que
l'on me présente un plan de loix à examiner et décréter pour la Chine, j'invoque en vain mon goût
et mon génie. Si je n'ai point les connoissances
élémentaires et locales, si j'ignore les mœurs, le
climat, le genre de population de la Chine, il m'est
impossible de prendre dans ce plan ce qui en est
bon et de rejeter ce qui en est vicieux. Une seule
erreur seroit de la plus fatale conséquence pour le
peuple dont je m'érigerois le législateur.

« rent libres et égaux en droits «. Or il existe
à Saint-Domingue une caste d'hommes qui
ne sont et ne peuvent être égaux aux blancs.
Les convenances politiques l'exigent ainsi. Il
existe une seconde classe d'hommes qui ne
sont et ne peuvent être libres. L'esclave est
le seul cultivateur propre aux Antilles, c'est
un agent nécessaire et insubstituable pour
l'agriculture entre les tropiques ; et une vérité qu'il ne faut pas taire, c'est que l'esclavage est une des bases de l'existance politique
de Saint-Domingue.

Si l'assemblée nationale vouloit faire, ou
seulement approuver des loix pour le régime
intérieur de Saint - Domingue , il faudroit
donc qu'elle renversât ces mêmes principes
d'égalité et de liberté qu'elle a établis pour
tous les hommes, principes qu'elle a décrétés
solemnellement, et qui ont fixé sur elle les
yeux et l'admiration de l'Europe. Mais non,
ayons une plus haute idée de la sagesse de
l'assemblée nationale, rejetons ces reproches d'une inconséquence dont elle ne se
couvrira jamais ; et n'est-ce pas pour les
éviter, ces reproches , que , pressée le 28
mars, par M. l'abbé Grégoire , de décider

si, dans l'article quatre des instructions qui accompagnent le décret du 8 Mars, les gens de couleur étoient compris comme votants et éligibles, elle a refusé de s'expliquer (1)? Ne doutons donc point que, frappée des raisons invincibles qui nécessitent Saint-Domingue à faire lui-même ses loix intérieures, elle ne s'empresse à y adhérer. Déja elle en a présenté le consolant augure ; « Demandez » Messieurs, a-t-elle dit par l'organe de son » Président à l'assemblée générale, deman- » dez avec confiance tout ce que vous croirez » utile à votre colonie, le roi et l'assemblée » nationale vous y invitent ».

---

(1) Quelques papiers publics ont dit que, sur la motion de M. l'abbé Grégoire, il a été répondu par l'assemblée nationale que l'article IV y avoit suffisamment pourvu ; d'autres, au contraire, que cette motion avoit été rejetée. Ces deux versions sont également inexactes : le fait est que, sur la motion incidente de M. l'abbé Grégoire, on a réclamé la motion principale ; ce qui a été adopté (*Journal des Débats et des Décrets*). Ainsi la motion de M. l'abbé Grégoire n'a été ni admise ni rejetée, mais seulement écartée par la discussion principale.

Troisieme motif. Si l'assemblée nationale faisoit ces loix, nos propriétés seroient perpétuellement en danger.

3°. Si le pouvoir de décreter des loix sur le régime intérieur de Saint-Domingue restoit entre les mains de l'assemblée nationale, nos propriétés seroient perpétuellement en danger. L'article VI du décret du 8 mars rassure, il est vrai, quant à présent, les habitants de Saint-Domingue sur leurs propriétés, mais quel sera leur garant pour les législatures suivantes? N'ont-ils pas à craindre que l'esprit philantropique, aussi faux dans son zele que dans ses conséquences, ne se réproduise, et ne répande les mêmes alarmes qui ont agité les colonies? N'ont-ils pas à craindre que les sectateurs de cette doctrine impolitique et meurtriere, cédant au moment qui paroît leur imposer silence, n'agissent par des manœuvres sourdes pour hâter la révolution qu'ils veulent opérer? Leurs écrits, affectant le langage de la morale et de l'humanité, peuvent capter des esprits déja trop préve- nus de leurs fausses maximes, et ne résulte t-il pas de cette incertitude d'opinions, de cette mobilité de principes sur l'esclavage, que la colonie doit s'attacher à se faire reconnoître le pouvoir législatif pour son régime intérieur? d'ailleurs, il ne faut pas se le dissimuler; le décret du 8 mars; par lequel l'assemblée nationale a garanti nos propriétés, n'a été qu'un décret de circonstances, nécessité par les réclamations énergiques des provinces maritimes. Les alarmes des colons ne subsisteront donc pas moins lors d'une seconde législature, où les loix rendues dans la première peuvent être changées, et ce danger est d'autant plus réel que l'assemblée nationale ne s'est point expliquée sur la nature des propriétés mises, par le décret du 8 mars, sous la sauve-garde de la nation, et que, pour éviter par la suite même le reproche d'inconséquence, elle pourroit décider que des hommes ne peuvent et n'ont jamais pu être des propriétés.

Sous tous les points de vue, il n'est donc pas de doute que les habitants de Saint-Domingue ne peuvent trouver de sécurité, que dans la faculté de faire eux-mêmes leurs loix sur le régime intérieur.

Quatrieme motif. L'intérêt même de la France exige que Saint - Domingue fasse ces loix.

4°. Mais la France n'a-t-elle pas le même intérêt ? Sans observer que peu lui importe de quelle maniere se règle notre régime intérieur ; rappellons - nous que c'est par son commerce avec la Colonie, qu'elle a acquis la prépondérance sur les autres nations de l'Europe, que ce sont les productions des Colonies qui fournissent à des besoins qu'un long usage a transformés en nécessité, enfin que sans les colonies, la France seroit forcée de tirer des objets à grands frais de l'étranger ; s'il est donc vrai que la prospérité de son commerce, de ses manufactures, de sa marine, de l'état, en un mot, tient à la conservation des colonies, elle ne pourroit donc, sans danger pour elle-même, s'opposer à ce qu'il leur soit reconnu un droit duquel dépend leur existence civile et politique ?

Les vérités qui viennent d'être exposées sont frappantes ; elles porteront le flambeau de la conviction dans tous les esprits , et les plus récalcitrants ne pourront s'empêcher de reconnoître que les loix , sur le régime intérieur de Saint Domingue , ne peuvent être faites que dans le sein même de la colonie.

Réponse à une assertion de l'assemblée du Nord.

Que deviendra donc l'assertion de l'assemblée provinciale du Nord, qui s'écrie avec emphase : « Si ce décret étoit promul-« gué, la colonie, dès ce moment, ne tien-» droit plus à la France que par des rap-« ports commerciaux ; elle ne seroit plus » liée à la mere-patrie... elle formeroit... « un état séparé... » Quoi! parceque Saint-Domingue , de l'aveu de l'assemblée nationale et du roi, qui auroient accepté sa constitution , auroit la faculté de faire les réglements pour son régime intérieur, tous autres rapports , autres que les commerciaux, seroient anéantis entre la France et lui? Le pouvoir exécutif dans la colonie ne releveroit plus du pouvoir exécutif suprême qui réside dans la main du roi. Les magistrats et les officiers militaires ne seroient plus nommés par le prince. La paix et la guerre se feroient ici sans le concours, ou plutôt sans la volonté de la mere-patrie, dont les forces seules peuvent nous protéger et nous défendre? Telles seroient en peu de mots les conséquences du raisonnement captieux posé par l'assemblée provinciale du Nord, vrai paradoxe qui s'écroule de lui-même, pour peu qu'on veuille observer que de si grands intérêts politiques et tant d'autres liens qui attachent Saint-Domingue à la France, indépendamment des rapports commerciaux, subsisteront toujours et rendront constamment unies deux parties qui ne sauroient être séparées (1).

---

(1) Après avoir invinciblement démontré que c'est à la colonie à faire ses loix sur son régime intérieur, écoutons un publiciste versé dans la théorie des colonies, écoutons M. Blin, député de Nantes, parlant à l'assemblée nationale elle-même : « Con-
« sidérez que ce que je viens de dire ne touche qu'à
« la constitution, qu'au régime intérieur, qu'à l'ad-
« ministration pour ainsi dire domestique des colo-

Par qui seront sanctionnées les loix sur le régime intérieur.

Mais si les loix concernant le régime intérieur doivent être faites dans le sein même
de la colonie, seront-elles mises à exécution
sans avoir été sanctionnées? Il faut distin-
guer les cas de nécessité urgente d'avec ceux
qui ne le sont pas.

Sanction du roi.

Lorsque les cas ne sont point de nécessité
urgente, nul doute que la loi ne puisse être

« nies. C'est sur ces sortes d'objets que *l'autorité*
« *des législateurs de France ne peut s'étendre.* A
« cet égard la nature a placé elle-même les bornes
« de nos pouvoirs. Au-delà de nos frontieres, nous
« n'avons plus de puissance sur les autres nations
« que celle des traités que nous avons faits. Par rap-
« port à nos colonies, les mers qui nous séparent,
« ont posé des limites à peu près pareilles. Il n'y a
« que la puissance exécutrice qui ait le droit de fran-
« chir l'immense océan pour réunir sous la même

mise à exécution sans la sanction du roi ;
parceque lui seul peut conférer aux actes du
corps législatif le caractere de loi, ainsi que

« protection, sous la même influence paternelle,
« des enfants, des freres, que différentes meres éle-
« vent dans son sein. Il n'en est pas ainsi des rap-
« ports commerciaux, etc. etc. ». Ce discours de
M. Blin a été imprimé par ordre de l'assemblée nationale. Rien n'est plus précis, c'est le décret du
28 mai lui-même.

Mais frappons le dernier coup, et prouvons, les
instructions de l'assemblée nationale à la main,
que le pouvoir législatif sur le régime intérieur doit
s'exercer dans la colonie. (Page 13 de ces Instructions imprimées chez Mozard au Port-au-Prince.)
Lisons : « De ces différentes vues il résulte, quant
« au pouvoir législatif, que les loix destinées à ré-
« gir intérieurement les colonies. . . . peuvent et
« doivent se préparer dans leur sein ; que ces mêmes
« loix peuvent être provisoirement exécutées. »...
Pour être loix et pour être exécutées, il faut sans
doute qu'elles aient été décrétées ; car des plans ne
peuvent être appellés du nom de loix, et encore
moins être exécutés comme telles : il faut donc que
l'assemblée coloniale les décrete ; et, pour les décréter, il faut donc qu'elle ait le pouvoir législatif.

l'assemblée nationale l'a établi par l'article
IX de la constitution ; et c'est ce que prescrit
l'article II du décret du 28 mai.

Motifs contre la sanction du gouverneur.

Dans les cas de nécessité urgente qui ne
pourront attendre la sanction du roi, faudra-
t-il avoir recours à celle du gouverneur ?

Premier motif. Le droit de sanctionner est
incessible.

1°. La faculté de sanctionner un acte du

Aussi les Instructions portent-elles un peu plus
haut : « Les assemblées coloniales, occupées du tra-
« vail de la constitution, appercevront la distinc-
« tion des fonctions législatives, exécutives, judiciai-
« res, administratives. Elles examineront comment
« il convient de les organiser dans la constitution de
« la colonie, les formes suivant lesquelles les pou-
« voirs législatif et exécutifs doivent y être exer-
« cés. ». . . Donc le pouvoir législatif doit entrer
dans la constitution de Saint-Domingue ; donc il
doit être exercé à Saint-Domingue. C'est l'assemblée nationale qui l'a dit. Qui osera la contredire ?

corps

corps législatif appartient au roi seul. C'est une prérogative qui lui a été conférée par le peuple, à l'effet d'opposer, par le *veto*, une résistance au corps législatif dans le cas où ce corps feroit de ses pouvoirs un usage contraire à l'intérêt du peuple. S'il est donc vrai que ce droit tient au domaine du peuple, seroit-ce donc à ses représentants à l'aliéner? et ne se rendroient-ils pas coupables envers lui, s'ils le transféroient à un autre qu'au prince? A plus forte raison le prince ne pourroit-il le déléguer lui-même. Le droit de sanction est donc un attribut de la royauté, incessible et incommunicable.

Deuxieme motif. Ce droit ne peut résider dans le gouverneur.

2°. Mais ce droit pourroit-il résider dans le gouverneur de Saint-Domingue? Responsable, comme agent du pouvoir exécutif, il se trouveroit alors placé entre deux autorités. Comptable au pouvoir législatif de son refus de sanctionner, il le seroit encore de sa sanction au pouvoir exécutif suprême auquel il est subordonné. Dans cette alterna-

C

tive de crainte, il n'est plus libre, et dès lors il ne peut sanctionner, parceque le propre de celui qui sanctionne est d'être dégagé de toute appréhension sur le résultat de sa sanction, soit qu'il la donne ou qu'il la refuse : aussi le droit de sanction suppose-t-il nécessairement l'inviolabilité de la personne. C'est ainsi que, dans tout l'empire françois, la personne du roi qui sanctionne, a été la seule déclarée inviolable, et la nation qui a prononcé cette inviolabilité, a en même temps déclaré que tout agent du pouvoir exécutif étoit responsable. Dans le gouverneur ainsi responsable, ce droit de sanction ne peut donc résider.

Troisieme motif. Ce droit seroit dangereux dans la main du gouverneur.

3°. Enfin ce droit seroit bien dangereux pour Saint-Domingue s'il étoit confié au gouverneur. Etranger à la colonie où il n'a point de propriétés, où il ne fait qu'une résidence momentanée, il n'en connoît point les intérêts ; l'influence ministérielle, le desir de plaire à des corps ou des individus

accrédités en France, les idées philosophi-
ques contraires au régime politique des colonies, l'intérêt personnel, les impulsions
étrangeres, les alentours perfides, tant de
motifs et par-dessus tout l'inexpérience,
pourroient rendre à jamais funeste à Saint-
Domingue le *veto* du gouverneur.

ARTICLES III, IV et V.

Droits de représentations reconnu au gou-
verneur.

Mais si l'assemblée générale dans son décret du 28 mai n'a pu admettre que les loix
fussent sanctionnées par le gouverneur, elle
n'a pas hésité de lui reconnoître un droit
de représentation prépondérante ; elle a
senti qu'il falloit non un contre-poids qui
arrêtât la machine, mais un régulateur qui
en modérât le mouvement trop précipité ,
afin de pouvoir en examiner et reconnoître
les défauts. C'est ce que présentent les articles
trois, quatre et cinq du décret du 28 mai ;
ils statuent d'abord que le cas de nécessité
urgente sera avant tout décidé par un dé-

cret rendu à la majorité des deux tiers de voix, ensuite que le décret qui statue sur le fond sera envoyé au gouverneur et remis à son examen pendant dix jours pour y faire ses observations si ce décret lui en paroît susceptible ; enfin que dans ce cas il les adressera à l'assemblée générale, qui alors procédera à la révision du décret dont l'exécution ne pourra être ordonnée que par une pluralité de deux tiers de voix. Et certainement si ce décret renfermoit quelque vice qui auroit échappé aux législateurs et qui pourroit être préjudiciable à la colonie, les observations du gouverneur, la révision de ce décret faite avec maturité dans trois séances différentes, la nécessité des deux tiers de voix pour sa confirmation, garantissent à la colonie qu'il sera révoqué. Passons à l'article VI du décret.

ARTICLE VI.

Rapports communs entre la France et Saint-Domingue.

L'assemblée générale, dont les principes

paroissent fondés sur la raison et l'équité, reconnoît authentiquement, dans l'article VI du décret du 28 mai, qu'il n'appartient qu'à l'assemblée nationale de décréter les loix sur les rapports communs entre Saint-Domingue et la France. Mais il est des regles de justice qui doivent intervenir dans l'exécution de ces loix, afin qu'aucune des deux parties ne soit lésée par elles.

Les plans doivent être envoyés de Saint-Domingue.

La premiere de ces regles ne souffre pas de difficulté, puisque l'assemblée nationale se l'est prescrite à elle-même par son décret du 8 mars. Elle consiste en ce que ces loix ne puissent être faites que sur les plans dressés et envoyés par les représentants de Saint-Domingue.

La loi décrétée par l'assemblée nationale doit être consentie par Saint-Domingue.

Ces plans, après être parvenus à l'assemblée nationale, seront attaqués, combattus par les représentations de toutes personnes intéressées à les faire rejeter ; c'est sur ces plans et ces représentations que l'assemblée nationale fera la loi qui sera envoyée à Saint-Domingue ; mais si cette loi est contraire aux intérêts de la colonie, doit-elle être mise à exécution , sans avoir été consentie par Saint-Domingue? Des raisons puissantes s'y opposent.

Ce droit résulte de la nature de son contrat avec la France.

1°. La colonie de Saint-Domingue a dû son origine à la réunion de ces hommes belliqueux, connus sous le nom de Flibustiers, sortis des diverses régions de l'Europe, et vivant dans la plus grande indépendance. Fatigués des courses maritimes , ils s'attachèrent enfin à la culture des terres. C'est alors que Saint-Domingue, en s'unissant à la France, a formé un contrat tacite dans lequel il a apporté le sacrifice des plus grands intérêts qu'une société puisse avoir. Qu'a-t-il reçu en échange ? la protection de la France , et l'assurance de l'approvisionner aes objets nécessaires à ses besoins.

La France, en couvrant de sa protection un peuple qui lui a fait le sacrifice de son indépendance, n'a fait et ne fait encore que remplir envers elle-même une obligation qui lui est propre, puisque Saint-Domingue est devenu une portion de l'empire françois, qu'il est une des sources de la richesse nationale, l'aliment de son commerce, et que ses consommations servent à aviver les manufactures françoises.

D'un autre côté, lorsqu'on considere les revenus immenses que donne à l'état l'importation des denrées de Saint-Domingue dans les seuls ports de France, la masse des richesses qui résulte de cette importation pour la métropole; lorsqu'on considere que les revenus seuls des colonies occupent huit cents grands navires marchands destinés aux voyages de long cours, six à sept cents petits destinés au cabotage, huit millions d'hommes à qui ces armements donnent une occupation directe; lorsqu'on considere le mouvement donné aux manufactures, la valeur des terres doublée par l'augmentation des consommateurs, la prépondérance acquise à la France dans les marchés de l'Europe, par le résultat des denrées coloniales, et tant d'autres avantages qu'il seroit trop long de détailler, il est impossible de se dissimuler que Saint-Domingue, dans son contrat d'association avec la France, a fait une mise infiniment plus forte, et si cette mise n'est compensée que par la fourniture de ses besoins, fourniture souvent précaire, mais toujours grévée du sceau de l'exclusif, on sentira que la condition de Saint-Domingue seroit trop onéreuse pour lui, si elle pouvoit être encore aggravée par une acceptation forcée de loix qui lui seroient préjudiciables ; la faculté de les refuser dérive donc de la nature même de son contrat avec la France.

Ce droit ne peut nuire au commerce et à la France.

2°. Cette faculté est d'autant mieux acquise, que ce refus n'apportera aucun changement à l'état des choses. Et en effet, rejeter une loi, n'est pas avoir le droit d'en faire une autre ; c'est une simple faculté négative qui n'introduit aucune innovation. Il n'en résultera donc aucun préjudice pour la France et le commerce, les choses restant dans leur premier état.

Ce droit a été consacré par l'assemblée nationale elle-même.

3ᵉ. Ce droit, déja démontré par ce qui vient d'être dit, a été consacré par l'assemblée nationale elle-même. « La loi, a t-elle « dit, est l'expression de la volonté géné- « rale ; tous les citoyens ont droit de con- « courir personnellement ou par leurs re- « présentants, à sa formation ». Or une loi sur les rapports communs entre Saint-Domingue et la France, ne peut être faite que par le concours de l'un et de l'autre. Si la loi faite par les représentants de la France étoit servilement adoptée par Saint-Domingue, il en résulteroit que Saint-Domingue n'y auroit pas concouru, et dès lors la loi ne seroit plus l'expression de la volonté générale. Que sur les rapports communs la France fasse la loi, et que Saint-Domingue la consente, elle deviendra alors l'expression de la volonté générale, et portera le vrai caractere de loi.

Que l'on n'argumente pas des six personnes qui siegent à l'assemblée nationale avec le titre de députés de Saint-Domingue. Lorsqu'il s'agit de traiter dans une assemblée un rapport commun entre deux parties, si l'une y a six représentants et l'autre douze cents; de quel côté penchera la balance? Au reste, la colonie décidera bientôt s'il lui est plus utile que préjudiciable d'avoir des députés délibérant dans l'assemblée nationale.

Quoi qu'il en soit, les loix sur les rapports communs entre Saint-Domingue et la France, doivent être le résultat du consentement des deux parties; elles ne peuvent, en conséquence, après avoir été faites par la France, être mises à exécution à Saint-Domingue, que lorsqu'il les aura consenties. Cette vérité a été démontrée de la maniere la plus évidente. Passons à l'article VII du décret du 28 mai.

ARTICLE VII.

Les objets de subsistance ne doivent point être compris dans la classe des rapports communs.

'Aveu de l'assemblée nationale à cet égard.

Les objets de subsistance momentanée tiennent à l'existence des individus, qui ne doit jamais être mise en balance avec quelqu'autre intérêt que ce soit. L'assemblée nationale a été convaincue de cette vérité frappante, et les instructions qui accompagnent le décret du 8 mars, les exceptent formellement des rapports communs entre la France et Saint-Domingue. Cet article ne peut donc faire naître de difficulté. Il en sera de même du suivant.

ARTICLE VIII.

Le refus du roi de sanctionner, doit arrêter l'exécution provisoire.

S'il est vrai qu'il est des cas où la nécessité détermine impérieusement l'exécution provisoire des actes du corps législatif de

Saint-Domingue, il n'est pas moins cons-
tant que le refus de la sanction du roi doit
arrêter cette exécution provisoire ; le roi
ayant usé de son droit de veto , la loi reste
suspendue aussitôt que ce veto est manifesté, parce que dès lors tout rentre dans l'ordre ordinaire des choses. Ce principe, conforme à celui de l'assemblée nationale, n'e-
xige point de développement. Il reste à parler de la permanence de l'assemblée générale , objet rappellé dans l'article IX , et
contre lequel l'assemblée du nord s'est si
vivement élevée.

A R T I C L E IX.

*Nécessité de la permanence de l'assemblée
générale.*

Le pouvoir législatif étant l'ame et la volonté du corps politique , ne peut cesser
l'exercice de ses fonctions , sans donner lieu
à de très grands inconvénients. La régénération qu'on veut opérer , contrariant beaucoup d'intérêts particuliers , toujours en op-
position avec l'intérêt général , la présence
et l'activité du corps législatif deviennent

indispensables, pour déconcerter les résis-
tances, et prévenir les entreprises funestes
du pouvoir exécutif, qui, par sa nature,
toujours prêt à empiéter sur les autres pouvoirs, ne manqueroit pas de tenter le renouvellement des abus. Et dans quel pays
fut-il plus entreprenant qu'à Saint-Domingue? Dans quel pays fut-il plus tyrannique
et vexatoire? La permanence de l'assemblée
générale devient donc nécessaire pour le
maintien de l'ordre à établir, et l'affermis-
sement de la constitution.

Il est faux que la permanence coûtera
quatre millions.

Mais s'il est incontestable que sans la permanence de l'assemblée générale, la liberté
de Saint-Domingue est en danger; si elle a
dû se déclarer telle, à l'instar de l'assemblée nationale, il s'en faut bien que cette
permanence dût coûter à la colonie la somme
effrayante dont parle l'assemblée provinciale du nord.

Premiere réduction de cette somme à deux millions six cents mille livres.

Cette assemblée, qui cherche à rendre défavorable l'assemblée générale, a cru ne pouvoir mieux y réussir auprès des colons, qu'en les touchant du côté de l'intérêt, comme si les généreux patriotes qui ont su briser les fers du despotisme, seroient plus sensibles à l'appât d'un vil intérêt pécuniaire, qu'aux avantages de leur liberté ; mais ils ne s'en laisseront point imposer par cette déclaration mensongère ; ils verront d'abord que 212 personnes qui doivent former l'assemblée générale actuelle, coûtent par an, à 33 livres par jour, moins de deux millions six cents mille livres ; ce n'est donc pas un impôt de quatre millions !

Deuxieme réduction à dix-huit cents mille livres.

Des douze cents personnes qui doivent composer l'assemblée nationale, il en est toujours, d'après les papiers publics, un tiers qui ne s'y trouve point, et les travaux ne s'en continuent pas moins. Il en est de même de l'assemblée générale, qui, depuis son origine, n'a jamais vu les deux tiers de ceux qui doivent la compléter ; voilà donc un tiers au moins à retrancher de la somme. Elle ne forme plus qu'environ dix-huit cents mille livres , et non quatre millions !

Troisieme réduction à deux ou trois cents mille livres.

Continuons. L'assemblée provinciale a affecté d'ignorer que quoique l'assemblée générale fût déclarée permanente, il devoit y avoir un mode de permanence , d'après lequel il s'en faudroit bien que tous les membres restassent assemblés ; que si dans ce moment la refonte entière, la régénération de la colonie exige que ses représentants soient plus long-temps réunis, il n'est pas de doute que la durée de leur réunion sera infiniment plus courte aux législatures prochaines, qui trouveront la constitution et la législation établies, et n'auront plus qu'à réformer des abus passagers ou des loix démontrées vicieuses par l'expérience. D'où il résulte que si la réunion des membres de l'assemblée générale a lieu pour la première fois pendant six à huit mois, il est certain que pendant les autres législatures, elle n'aura lieu que pour un ou deux ; en conséquence, pendant la session actuelle, il pourroit en coûter à la colonie entière onze à douze cents mille livres, et pour les législatures suivantes deux ou trois cents mille livres, et non quatre millions annuels !

Quatrieme réduction à cent ou cent cinquante mille livres.

Enfin n'oublions pas que si pour parvenir à la régénération de la colonie, les trois assemblées provinciales qui ont arrêté le plan de convocation, ont cru devoir renforcer l'assemblée générale d'un nombre de députés, capable de résister à l'influence du gouvernement ministériel qui régnoit à cette époque, les législatures suivantes auront certainement un nombre bien moindre de députés, et l'on peut évaluer la réduction à la moitié. Ce ne sera donc plus à cette époque que cent ou cent cinquante mille livres qu'il en coûtera, et non quatre millons !

Cette

*Cette dépense sera composée par réductions
et bonifications.*

Mais disons mieux : la suppression de l'intendant (1), des officiers d'administration
et des états-majors, les bonifications dans
toutes les parties de l'administration , celles
sur les greffes , les postes , les prisons , rendront par an à la colonie des sommes bien
supérieures à la dépense occasionée par le
traitement des membres du corps législatif.
A l'égard des députés actuels qui ont tout
quitté, famille , biens, intérêts les plus chers,
pour voler au secours de la patrie en danger ,
il n'est point de sacrifices auxquels ils ne
soient résignés , si la colonie, (ce qu'il est
difficile de croire) ne pouvoit subvenir à
leurs besoins.

*Invraisemblance du reproche de souverai-
neté fait à l'assemblée générale.*

Tels sont ceux que l'assemblée du nord ne

____

(1) La place seule d'intendant coûtoit par an à
la colonie 120,000 liv. sans parler des accessoires.

D

craint pas d'accuser de vouloir écraser la colonie par des frais énormes, qui forceroient à doubler l'impôt actuel. Tels sont ceux qu'elle se plaît encore à dénoncer comme voulant investir l'assemblée générale d'un caractere de souveraineté. Une seule réflexion fera évanouir cette derniere inculpation. Les membres actuels de l'assemblée générale, après avoir rempli la mission à laquelle ils se sont voués, vont rentrer dans la classe ordinaire des citoyens, et d'autres députés les remplaceront. Quoi! ils auront donc érigé une association de despotes et de tyrans, pour y être ensuite asservis eux-mêmes! ils auront donc sacrifié à un esprit de domination momentanée, leur repos, leur liberté, celle de leur famille et de leurs amis pendant des siecles!..... Une telle invraisemblance est trop choquante pour s'y arrêter plus long temps. Passons à l'article X du décret du 28 mai.

Article X.

Envoi des articles précédents à l'acceptation de l'assemblée nationale.

Mauvaise foi de l'assemblée provinciale sur cet article.

L'assemblée provinciale du nord, par l'explication qu'elle s'est plu à donner à cet article, a cherché à altérer la confiance qu'ont les paroisses dans leurs représentants, mais ce n'est pas assez de lui faire ce reproche; disons-le, avec douleur, mais avec vérité : l'assemblée provinciale présente sur cet objet de la mauvaise foi, et elle est évidente. Cet article X porte que les articles ci-dessus comme faisant partie de la constitution, c'est-à-dire lesquels font partie de la constitution, seront incessamment envoyés en France pour être présentés à l'acceptation de l'assemblée nationale. Or, quels sont les articles ci-dessus ? Ne sont-ce pas les neuf articles précédents qui traitent et du régime intérieur et des rapports communs ? Ne sont-ce donc pas ces neuf articles, qui,

d'après les termes précis du dixieme , doivent être présentés à l'acceptation de l'assemblée nationale , et cependant l'assemblée
provinciale n'a pas craint d'avancer qu'on
n'envoie à l'acceptation de l'assemblée nationale que les articles qui ont trait aux rapports commerciaux , et qu'on n'entend nul-
lement la demander pour tout ce qui inté-
resse le régime intérieur de la colonie !

Exposition de la conduite de l'assemblée

provinciale du nord.

Il vient d'être démontré que sous tous les
points de vue le décret du 28 mai , rendu
par l'assemblée générale , renferme les vrais
principes de la constitution seule convenable à Saint-Domingue ; il sera , n'en doutons point , accepté par l'assemblée nationale, qui a déclaré n'avoir pas entendu nous
assujettir à des lois incompatibles avec nos
convenances locales , et qui nous écrit for-
méllement de demander avec confiance tout
ce que nous croirons utile à la colonie. Ce
décret doit donc mériter à ceux qui l'ont
rendu , la reconnoissance de tous les colons,

et qui le croiroit ? C'est une assemblée provinciale , immédiatement subordonnée à l'assemblée générale , c'est elle qui ose calomnier ce décret par des observations aussi fausses qu'insidieuses ; c'est elle qui donne à la colonie l'exemple d'une division que son arrêté du dix-sept mai a cherché à propager dans toute l'isle. Si, animée d'un zele vraiment patriotique , elle avoit cru remarquer dans les décrets de l'assemblée générale des principes contraires au bien public, et que pénétrée des égards qu'elle doit aux représentants de la colonie entiere, elle leur eût adressé des représentations pleines de force et de sagesse, certainement alors sa conduite n'auroit encouru aucun blâme ; mais que l'assemblée des représentants d'une seule portion de Saint-Domingue , oubliant tout ce que la bienséance prescrit, rompant tous les liens qui doivent subordonner la partie au tout , déclare avec une publicité scandaleuse aux représentants de la partie françoise (1), qu'elle arrêtera l'effet de tous

____

(1) L'assemblée provinciale du nord a fait imprimer son arrêté du 17 mai, l'a répandu avec pro-

leurs décrets, résultat de la volonté générale
par qui ils ont été constitués, voilà sans doute
ce qui caractérise cette souveraineté, qu'elle

---

fusion, l'a adressé au gouverneur général et à tous
les comités, en a fait parvenir quantité d'exemplaires dans les paroisses. Elle a vu sans doute
avec douleur que si plusieurs paroisses, séduites
par sa démarche, avoient donné leur adhésion à
cet arrêté, beaucoup avoient gardé le silence, et un
grand nombre l'avoient rejeté. Des lettres de Port-
de-Paix, du Trou, du Dondon, du Limbé, de la
Grande-Riviere, du Port-Margot, des Cayes, du
Mirebalais, du Grand-Goave, de Saint-Marc, du
Petit-Goave, de Tiburon, d'Aquin, des Cayes-
Jacmel, de Baynet, de Torbeck, de Jacmel, du
Fort-Dauphin, du Cap-Dame-Marie et de Cavaillon, ont annoncé à l'assemblée générale des sentiments bien contraires au contenu de cet arrêté. Le
comité de Jacmel s'exprimoit ainsi sur cet arrêté
dans sa lettre au comité de l'Ouest en date du 4
juin.» Cet écrit, qui peut au premier coup-d'œil sé-
» duire les esprit foibles, n'est aux yeux des êtres
» pensants que le flambeau de l'incendie que cette
» assemblée a cherché à allumer dans la colonie :
» cette assemblée a brisé tous les liens de subordi-
» nation, d'ordre et de décence, etc. etc. etc.» Le

ose reprocher elle-même à l'assemblée générale, cette suprématie qu'elle a toujours affecté de prendre sur le reste de la colonie ;
alors rien ne peut justifier sa conduite, alors
l'assemblée générale doit lui dire avec juste
raison : « Vous vous plaignez d'une préten-
« due violation de principes, vous qui na-
« gueres, de votre seule autorité, avez sus-
« pendu ou restreint le pouvoir exécutif, ré-
« formé les milices, retenu les caisses publi-
« ques, méconnu l'autorité du gouverneur
« général, établi des municipalités, anéanti
« la jurisdiction d'un conseil supérieur pour
« en réinstaller un autre, créé des juges et
« conféré des pouvoirs que le monarque
« seul pouvoit transmettre. Vous qui refusez
« à l'assemblée de la colonie entiere le pou-
« voir législatif sur son régime intérieur,
« vous avez cependant chargé des commis-
« saires de solliciter d'elle la confirmation
« du rétablissement de votre conseil, et lors-

---

comité de Cavaillon a été plus loin. Il a fait lacérer
er brûler dans la salle de ses séances 5o exemplaires de cet arrêté, qui lui avoient été adressés par
l'assemblée du nord.

« que cédant au bien public et déterminée
« par les circonstances , elle l'a confirmé
« provisoirement, vous en avez reçu le dé-
« cret avec les transports de la plus vive re-
« connoissance ! Et dans quel moment com-
« mencez-vous à contester à l'assemblée gé-
« nérale ce pouvoir législatif , dont vous ,
« représentants d'une seule portion de la co-
« lonie , aviez su vous investir (1) ? C'est
« lorsque , sur les réclamations générales ,
« elle rend le 14 mai un décret pour la ré-
« forme de plusieurs abus judiciaires , ré-
« forme qui blesse des intérêts privés ?.... »

L'assemblée provinciale du nord prétend
que c'est à elle à donner l'exemple de la fidélité à la nation et au roi. Que ne lit-elle dans

____

(1) L'assemblée du nord , purement administra-
tive , vient de faire un nouvel acte qui tient tout à
la fois du pouvoir legislatif et du pouvoir exécutif
suprême. Sur la démission offerte à l'assemblée
générale par MM. Daugy et l'Archevesque Thibaud ,
et sur laquelle l'assemblée générale n'a rien prononcé , celle du nord vient de nommer aux charges
de procureur général et de conseiller au conseil supérieur du cap.

le cœur de tous les colons ? Elle y verroit leur attachement inébranlable à la France dont ils sont les enfants, leur fidélité inviolable et leur amour pour un roi qui leur ouvre son cœur avec effusion, et les assure que malgré leur éloignement du lieu de sa résidence, il est constamment occupé de leur bonheur. Et si l'assemblée générale jouit dans cette circonstance d'un droit de plus que ses concitoyens, droit qui lui est si cher, c'est d'être auprès de la nation et du monarque l'organe de leurs sentiments, et le garant de leur patriotisme, *Signé*, Vincendon-Dutour, de Bourcel, Desrouaudieres, J. B. Millet.

P. S. Il est intéressant de faire connoître l'extrait d'un ouvrage imprimé, qui vient tout récemment d'arriver de France, et ayant pour titre : *Suite de la découverte d'une conspiration contre les intérêts de la France.* Lisez, colons, et voyez si vos propriétés sont en sûreté.

« L'assemblée nationale a donc décrété (le 8 « mars) qu'elle n'avoit point entendu comprendre « les colonies dans la constitution qu'elle avoit « créée pour le royaume, et nos possessions d'outre

« mer travailleront à leur organisation intérieure,
« à leur constitution, de la maniere la plus avan-
« tageuse et la plus conforme à leur climat, à leurs
« mœurs, à leurs intérêts et à ceux de la métropole.

« L'espoir des amis des noirs et de l'Angleterre
« n'est cependant pas encore perdu, et les colonies
« et les provinces maritimes se verront encore pro-
« bablement exposées à de nouvelles inquiétudes,
« à des attaques d'autant plus dangereuses, qu'elles
« seront conduites avec plus d'art, de méthode et
« de secret.

« La secte des amis des noirs s'est, à la vérité,
« presque dissipée dès l'instant qu'un grand coup
« de lumiere a été porté sur ses intentions et ses
« manœuvres ; mais une autre société plus profonde
« dans ses projets, dans laquelle s'est fondue la
« secte des amis des noirs, s'est élevée sous la di-
« rection et les projets des sieurs Mirabeau, l'évê-
« que d'Autun, de Condorcet, Brissot de War-
« ville, etc. ayant à leur suite nombre de leurs sec-
« taires et de leurs disciples.

« Cette société s'est d'abord appellée *club de la*
« *Propagande* et de la révolution de 1789. Je prie
« mes lecteurs de faire attention à ce mot : *la Pro-*
« *pagande*, et d'en sonder la profondeur.

» Son but est non seulement de propager ce
» qu'elle appelle les bons principes dans tout le
» royaume, mais encore dans toute la terre. Elle

» les traduira dans toutes les langues , les fera parve-
» nir dans tous les pays ; elle se formera des
» correspondances dans les contrées les plus éloi-
» gnées ; partiront de son sein des missionnaires
» qui se porteront dans les divers points du monde
» qu'il conviendra à cette société de travailler en
» révolution, sous le nom si spécieux, presque tou-
» jours si trompeur , de l'humanité , de la liberté.

» Ainsi, d'après les plans de cette société , toutes
» les formes de gouvernement , tous les empires ,
» doivent être attaqués par les manœuvres sourdes.
» et malheur à ceux qui oseront résister à ses dé-
» crets et à ses dogmes. Souverains de la terre,
» chefs de tous les gouvernements, avisez à votre
» sûreté.

» Les premieres vues de cette société se porteront
» sans doute sur nos possessions d'outre mer ; les
» propriétaires des colonies doivent s'attendre à être
» ses premieres victimes. »

Et comment éviter ce désastre ? Faire nos loie
nous-mêmes ; ne rien épargner pour que le décret
du 28 mai soit accepté de l'assemblée nationale.
Jusque-là nos propriétés et nos vies seront en
péril.

Extrait des registres de l'assemblée générale de la partie françoise de Saint-Domingue.

Séance du 2 Juillet 1790, de relevée.

Lecture faite d'un ouvrage ayant pour titre : « Développement du décret rendu le 28 mai 1790, par l'assemblée générale de la partie françoise de Saint-Domingue, servant de réponse aux observations faites sur ledit décret par l'assemblée provinciale du nord, en date du premier juin.

L'assemblée générale a arrêté qu'il seroit tiré trois mille exemplaires de cet ouvrage, et que les frais d'impression faits ou à faire seront remboursés à l'imprimeur ; arrête, au surplus, qu'il en sera adressé en France des exemplaires aux commissaires de l'assemblée, auprès de l'assemblée nationale, pour ledit ouvrage y être réimprimé et distribué dans le royaume.

Signés, BACON DE LA CHEVALERIE, président; T^{as}. MILLET, vice président; LE GRAND; DE MONTAIGU; B^i. SUIRE; TREBUCIEN, secrétaires.